Motivation:

Wie man das innere Feuer entwickelt, um Ziele zu erreichen

Daria Gałek

Inhaltsverzeichnis

1. Einleitung

In der heutigen Zeit, in der der Wettbewerb zunimmt und das Lebenstempo immer schneller wird, ist Motivation der Schlüssel zum Erfolg, sowohl im persönlichen als auch im beruflichen Leben. Motivation ist die Kraft, die uns zum Handeln antreibt, uns dabei hilft, Hindernisse zu überwinden und Ziele zu erreichen. Aber wie steigert man seine Motivation, wenn die Kraft und Energie zum Handeln fehlen? Wie geht man mit den Schwierigkeiten um, die auf dem Weg zur Zielerreichung auftauchen?

In diesem Buch werden verschiedene Motivationstheorien, Methoden zur Zielfestlegung und Wege zur Überwindung von Hindernissen erörtert. Sie werden erfahren, wie Sie sich selbst und andere in der Arbeit, im persönlichen Leben, im Sport und in der Bildung motivieren können, sowie wie Sie Ihre Motivation aufrechterhalten können. Sie werden auch Informationen darüber finden, wie Sie Gewohnheiten entwickeln können, die Ihnen dabei helfen, erfolgreich zu sein, sowie Wege, um Ihr Selbstvertrauen zu stärken.

Dieses Buch richtet sich an alle, die ihre Motivation steigern, Hindernisse überwinden und ihre Ziele erreichen möchten. Egal, ob Sie arbeiten, lernen oder Sport treiben, dieses Buch wird Ihnen helfen, die Motivation zum Handeln zu finden und Ihre Grenzen zu überwinden.

2. Definition von Motivation

Motivation ist einer der Schlüsselfaktoren, die unser Handeln und unsere Leistungen beeinflussen. Es gibt viele Möglichkeiten, Motivation zu definieren, aber in jeder davon taucht das Konzept einer inneren treibenden Kraft auf, die uns zum Handeln bewegt. In diesem Kapitel werden verschiedene Definitionen von Motivation und ihre Bedeutung bei der Zielerreichung erörtert.

Eine der gängigen Definitionen von Motivation beschreibt sie als innere Kraft, die uns dazu bringt, Maßnahmen zur Erreichung eines bestimmten Ziels zu ergreifen. Mit anderen Worten, Motivation ist eine innere treibende Kraft, die uns dazu anregt, erfolgreich zu sein und unsere Träume zu verwirklichen.

Eine andere Definition von Motivation konzentriert sich auf das Konzept des Bedürfnisses. Nach dieser Konzeption ist Motivation die Kraft, die in uns entsteht, wenn wir das Fehlen von etwas verspüren, das wir für notwendig halten. Wenn wir also das Gefühl haben, dass uns etwas fehlt, beginnen wir zu handeln, um es zu erreichen, und diese treibende Kraft wird Motivation genannt.

Eine weitere gebräuchliche Definition von Motivation konzentriert sich auf ein wichtiges Ziel. Nach dieser Vorstellung ist Motivation eine innere treibende Kraft, die uns dazu anregt, in Richtung eines bestimmten Ziels zu handeln. Dieses Ziel gibt uns Motivation, weil es für uns von Bedeutung ist und wir es erreichen möchten.

Unabhängig von der Definition ist Motivation entscheidend für die Zielerreichung. Dank der Motivation beginnen wir zu handeln und setzen die Anstrengungen um, die notwendig sind, um erfolgreich zu sein. Motivation hilft uns, unsere Konzentration und Ausdauer bei der Verfolgung unserer Ziele aufrechtzuerhalten, selbst wenn Hindernisse und Schwierigkeiten auftreten.

Motivation ist auch wichtig für unser Wohlbefinden und unser Erfüllungsgefühl. Wenn wir Ziele erreichen, die für uns von Bedeutung sind, fühlen wir uns besser, selbstbewusster und zufriedener mit uns selbst. Dies wiederum beeinflusst unsere Emotionen positiv und wirkt sich positiv auf unser Leben aus.

Eine der Schlüsselelemente der Motivation ist die Planung. Nur durch gut geplante Maßnahmen können wir unsere Ziele erreichen. Die Planung ermöglicht es uns, Ziele zu definieren und festzulegen, welche Maßnahmen erforderlich sind, um sie zu erreichen. Dadurch können wir effektive Maßnahmen ergreifen, die uns zum Erfolg führen.

Darüber hinaus ist Motivation mit Emotionen und der Befriedigung von Bedürfnissen verbunden, die der Hauptanreiz für Handlungen sind. Die richtige Motivation kann zu einem besseren Wohlbefinden, einer gesteigerten Lebenszufriedenheit und einem größeren Gefühl der Erfüllung beitragen.

Andererseits kann fehlende Motivation zu Frustration, geringem Selbstwertgefühl, Hoffnungslosigkeit und mangelndem Erfolg führen. Daher ist es wichtig zu verstehen, was uns antreibt und wie wir unsere Motivation stärken können.

Es gibt verschiedene Arten von Motivation, aber die wichtigste Unterscheidung ist die zwischen intrinsischer und extrinsischer Motivation.

Intrinsische Motivation ist die Motivation, die aus inneren Überzeugungen und Werten einer Person stammt. Eine Person mit intrinsischer Motivation handelt, weil sie glaubt, dass die Handlungen wichtig und notwendig sind. Diese Art von Motivation ist stark und beständig, da sie mit unseren Werten und Überzeugungen verbunden ist. Menschen mit starker intrinsischer Motivation empfinden oft Freude und Zufriedenheit bei ihren Handlungen, und die Erreichung der Ziele selbst ist für sie die Belohnung.

Extrinsische Motivation hingegen stammt aus äußeren Faktoren wie Belohnungen, Bestrafungen und der Meinung anderer Menschen. Eine Person mit extrinsischer Motivation handelt, um etwas außerhalb von sich selbst zu erlangen, nicht aus innerem Bedürfnis oder Überzeugung. Diese Art der Motivation kann kurzfristig und unbefriedigend sein, da externe Belohnungen als Motivator aufhören können zu wirken und Bestrafungen nur vorübergehende Verhaltensänderungen bewirken können.

In diesem Buch werden verschiedene Aspekte der Motivation behandelt, darunter Möglichkeiten zur Steigerung der intrinsischen Motivation, der Umgang mit extrinsischer Motivation und die Aufrechterhaltung der Motivation auf dem langen Weg zur Zielerreichung. Sie werden auch viele Beispiele aus dem täglichen Leben finden, die Ihnen helfen werden zu verstehen, wie Motivation unser Leben beeinflusst und wie sie entwickelt werden kann, um Erfolg zu erzielen.

3. Psychologie der Motivation

Eine der wichtigsten Motivationstheorien ist die Bedürfnispyramide von A.H. Maslow. Nach dieser Theorie haben Menschen verschiedene Bedürfnisse, die befriedigt werden müssen, um ein Gefühl von Erfüllung und Zufriedenheit im Leben zu erreichen. Maslow nennt fünf Arten von Bedürfnissen, die unterschiedliche Bedeutungsgrade haben:

1. Physiologische Bedürfnisse: verbunden mit den grundlegenden Körperbedürfnissen wie Nahrung, Trinken, Schlaf und Überleben.

2. Sicherheitsbedürfnisse: in Bezug auf ein Gefühl von Sicherheit und Schutz, wie das Vorhandensein eines Dachs über dem Kopf, stabile Beschäftigung und Schutz vor Gefahren.

3. Bedürfnisse nach Zugehörigkeit und Liebe: in Bezug auf das Bedürfnis nach Nähe zu anderen Menschen, Freundschaft, Liebe und sozialer Akzeptanz.

4. Bedürfnisse nach Anerkennung und Respekt: in Bezug auf das Bedürfnis nach Anerkennung und Respekt von anderen Menschen sowie auf ein Gefühl des Selbstwertgefühls und Selbstrespekts.

5. Bedürfnisse nach Selbstverwirklichung: in Bezug auf das Streben nach der Verwirklichung des vollen Potenzials, der Entwicklung von Fähigkeiten und Fertigkeiten, der Erreichung eines Gefühls der Erfüllung und Zufriedenheit im Leben.

Maslows Theorie bildet die Grundlage für viele Handlungen im Zusammenhang mit Motivation in der Arbeit, Bildung und anderen Lebensbereichen. Sie gibt Hinweise darauf, welche Bedürfnisse zuerst befriedigt werden sollten, um die Motivation und das Erfüllungsgefühl der Menschen zu steigern.

Eine andere wichtige Motivationstheorie ist Victor Vrooms Erwartungstheorie. Laut dieser Theorie resultiert Motivation aus den Erwartungen hinsichtlich der Ergebnisse von Handlungen. Es gibt drei Arten von Erwartungen: Erwartung in Bezug auf Leistung (expectancy), Erwartung in Bezug auf Instrumentalität (instrumentality) und Erwartung in Bezug auf Valenz (valence).

Die Erwartung in Bezug auf Leistung betrifft die Überzeugung der Einzelperson, dass ihre Anstrengungen zu gewünschten Ergebnissen führen werden. Mit anderen Worten, die Person muss glauben, dass ihre Anstrengungen zu guten Ergebnissen führen werden. Wenn jemand glaubt, dass seine Anstrengungen keine Auswirkungen auf die Ergebnisse haben werden, wird er keine Motivation zur Handlung haben.

Die Erwartung in Bezug auf Instrumentalität bezieht sich auf die Überzeugung der Einzelperson, dass das Erreichen der gewünschten Ergebnisse mit der Ausführung einer bestimmten Handlung verbunden ist. Mit anderen Worten, die Person muss glauben, dass die Durchführung bestimmter Aufgaben zur Zielerreichung beiträgt. Wenn jemand glaubt, dass die Durchführung einer Aufgabe keine Auswirkungen auf das Erreichen des Ziels hat, wird er keine Motivation zur Handlung haben.

Schließlich beziehen sich die Erwartungen in Bezug auf den Wert darauf, wie sehr eine Person das Ziel erreichen möchte. Mit anderen Worten muss die Person glauben, dass die Zielerreichung für sie von Bedeutung ist. Wenn jemand keinen Wert in der Zielerreichung sieht, wird er keine Motivation zur Handlung haben.

Die Vroom-Erwartungstheorie ist im Kontext des Personalmanagements äußerst wichtig, da sie dazu beiträgt zu verstehen, warum einige Mitarbeiter eher bereit sind zu arbeiten als andere. Passende Belohnungen und Anreize müssen an die unterschiedlichen Erwartungen der Individuen angepasst werden, um ihre Motivation zu steigern und die gewünschten Ergebnisse zu erzielen.

Die dritte Theorie wurde von Deci und Ryan entwickelt. Es handelt sich um die Selbstbestimmungstheorie, die sich auf die Bedeutung von Autonomie in der Motivation und Selbstregulation konzentriert. Gemäß dieser Theorie werden Menschen zur Handlung motiviert, wenn sie das Gefühl haben, die Kontrolle über ihr Leben und ihre Entscheidungen zu haben. Deci und Ryan identifizierten drei grundlegende Bedürfnisse, die unser Autonomiegefühl beeinflussen: das Bedürfnis nach Autonomie, das Bedürfnis nach Kompetenz und das Bedürfnis nach sozialer Verbundenheit.

Das Bedürfnis nach Autonomie bezieht sich auf das Gefühl, Einfluss auf unser Leben zu haben und eigenständig Entscheidungen zu treffen. Wenn Menschen das Gefühl haben, dass ihre Entscheidungen von außen aufgezwungen werden und nicht mit ihren eigenen Werten und Überzeugungen übereinstimmen, kann dies ihre Motivation zur Handlung beeinträchtigen.

Das Bedürfnis nach Kompetenz betrifft das Gefühl, Aufgaben bewältigen und Ziele erreichen zu können. Wenn wir das Gefühl haben, dass uns etwas nicht gelingt oder wir nicht über die erforderlichen Fähigkeiten verfügen, können wir uns desorientiert und entmutigt fühlen.

Das Bedürfnis nach sozialer Verbundenheit bezieht sich auf unsere Wahrnehmung von Beziehungen zu anderen Menschen und das Gefühl, Teil einer größeren Gemeinschaft zu sein. Wenn wir uns geschätzt und respektiert von anderen fühlen, kann das unsere Motivation zur Handlung steigern.

Die Selbstbestimmungstheorie legt nahe, dass je mehr unsere Bedürfnisse nach Autonomie, Kompetenz und sozialer Verbundenheit erfüllt sind, desto größer wird unsere Motivation zur Handlung sein. Darüber hinaus betonen Deci und Ryan, dass wenn die Motivation aus inneren Bedürfnissen stammt und nicht aus äußeren Belohnungen oder Bestrafungen, wird sie länger anhalten und effektiver bei der Zielerreichung sein.

Diese Theorie konzentriert sich auf die Rolle von Autonomie und Kontrolle in der Motivation. Sie besagt, dass Menschen eher motiviert sind, wenn sie das Gefühl haben, die Kontrolle über ihr Leben zu haben und Entscheidungen in Übereinstimmung mit ihren Werten und Überzeugungen zu treffen. Die Befriedigung der Bedürfnisse nach Autonomie, Kompetenz und sozialer Verbundenheit kann auch dazu beitragen, die Motivation zur Handlung zu steigern.

4. Festlegen von Zielen

Das Festlegen von Zielen ist entscheidend für den Erfolg im Leben. Ein Ziel kann alles sein, was wir erreichen möchten, von kleinen Schritten im Alltag bis hin zu großen beruflichen oder persönlichen Zielen. In diesem Kapitel werden verschiedene Methoden zur Zielsetzung und zur Festlegung realistischer Ziele erörtert.

Es gibt verschiedene Methoden zur Zielsetzung. Eine der bekanntesten ist die SMART-Methode, bei der Ziele spezifisch, messbar, erreichbar, realistisch und zeitgebunden sein müssen. Die Spezifität eines Ziels bedeutet, dass wir klar und konkret festlegen müssen, was wir auf welche Weise erreichen möchten. Das Ziel muss messbar sein, was bedeutet, dass wir definieren müssen, wie wir den Fortschritt bei der Zielerreichung messen werden. Das Ziel muss erreichbar und realistisch sein, um Frustration und Misserfolg zu vermeiden. Schließlich muss das Ziel zeitgebunden sein, was bedeutet, dass wir festlegen müssen, bis wann wir es erreichen möchten.

Eine weitere Methode zur Zielsetzung ist die GROW-Methode. Dieses Akronym steht für Ziele (Goal), Realität (Reality), Optionen (Options) und Aktionsplan (Way forward). Diese Methode konzentriert sich auf konkrete Schritte, die unternommen werden müssen, um das Ziel zu erreichen. Der erste Schritt besteht darin, das Ziel zu definieren, dann muss die Realität analysiert werden, um herauszufinden, welche Optionen zur Zielerreichung zur Verfügung stehen. Schließlich muss ein Aktionsplan ausgewählt werden, um das Ziel zu erreichen.

Eine weitere Methode zur Zielsetzung ist die VISION-Methode. Diese Methode konzentriert sich auf die Schaffung einer Vision, in der wir festlegen, wer wir in der Zukunft sein möchten. Die Vision sollte realistisch, aber gleichzeitig ehrgeizig sein, um zu inspirieren und zu motivieren. Die Vision sollte auch mit unseren Werten und Leidenschaften in Einklang stehen.

Unabhängig von der Methode zur Zielsetzung ist es wichtig, dass die Ziele realistisch sind. Realistische Ziele sind solche, die erreichbar sind und zu unseren Fähigkeiten und Lebensumständen passen. Unrealistische Ziele, die zu schwer zu erreichen sind, können zu Frustration und Misserfolg führen. Daher ist es wichtig, Ziele festzulegen, die für unsere Situation und Fähigkeiten geeignet sind.

Es ist auch wichtig, dass Ziele messbar und konkret definiert werden. Dies erleichtert die Bewertung des Fortschritts und der Erfolge sowie die Festlegung der weiteren Schritte.

Ein weiterer wichtiger Aspekt ist die Festlegung von Prioritäten. Wenn wir viele Ziele haben, ist es wichtig, die wichtigsten zu identifizieren und sich zunächst auf sie zu konzentrieren.

Es darf auch nicht vergessen werden, flexibel auf die festgelegten Ziele zuzugehen. Oft treten während der Umsetzung von Plänen neue Umstände auf, und es ist notwendig, die Ziele an die sich ändernde Situation anzupassen.

Es ist auch wichtig, die Motivation nicht außer Acht zu lassen, da sie ein starker Faktor ist, der unsere Fähigkeit zur Zielerreichung beeinflusst. Daher ist es wichtig, dass unsere Ziele mit unseren Werten, Träumen und Leidenschaften in Verbindung stehen, was es uns ermöglicht, ein hohes Maß an Motivation aufrechtzuerhalten.

Schließlich ist darauf hinzuweisen, dass das Festlegen von Zielen keine einmalige Handlung ist. Es handelt sich um einen Prozess, der regelmäßige Reflexion, Überprüfung und Anpassung an sich ändernde Umstände erfordert.

Die Zielsetzung kann viele Vorteile sowohl im privaten als auch im beruflichen Leben bringen. Hier sind einige davon:

1. Fokussierung: Das Festlegen von Zielen hilft uns, uns auf das zu konzentrieren, was für uns wichtig ist und was wir erreichen möchten, was es uns ermöglicht, Ablenkungsfaktoren zu vermeiden.

2. Motivation: Das Festlegen von Zielen verleiht uns ein Gefühl von Richtung und Zugehörigkeit zu etwas Größerem als nur den aktuellen Herausforderungen. Wir können uns stärker motiviert fühlen, wenn wir wissen, worauf es uns ankommt.

3. Leistungsfähigkeit: Mit einem klaren Ziel vor Augen können wir effektiver und effizienter handeln, weil wir wissen, worauf wir uns konzentrieren müssen und was am wichtigsten ist.

4. Selbstdisziplin: Das Festlegen von Zielen erfordert von uns systematisches Handeln, was unsere Selbstdisziplin und Willenskraft entwickeln kann.

5. Selbstverwirklichung: Das Festlegen und Erreichen von Zielen gibt uns ein Gefühl der Zufriedenheit, des Erreichens von etwas Wichtigem und der Selbstverwirklichung, was sich positiv auf unser Selbstwertgefühl und unsere Selbstverwirklichung auswirkt.

5. Überwinden von Hindernissen

Auf dem Weg zur Zielerreichung stoßen wir oft auf verschiedene Arten von Hindernissen. Diese können mit unseren Fähigkeiten, dem Mangel an geeigneten Ressourcen oder einschränkenden Überzeugungen in Verbindung stehen. In diesem Kapitel werden verschiedene Möglichkeiten zur Überwindung von Hindernissen und zur Erreichung von Erfolg diskutiert.

1. Identifizieren Sie Hindernisse

Die Identifizierung von Hindernissen ist der erste Schritt, um sie zu überwinden. Um dies zu tun, sollten Sie die Situation genau analysieren und feststellen, was das Problem darstellt. Dies kann durch das Stellen von Fragen wie:

- Was genau erschwert mir die Zielerreichung?

- Habe ich genügend Ressourcen, um dies zu erreichen?

- Gibt es etwas, das außerhalb meiner Kontrolle liegt und im Weg steht?

- Brauche ich die Hilfe oder Unterstützung anderer, um das Hindernis zu überwinden?

- Kann ich eine konkrete Handlung identifizieren, die ich ergreifen muss, um das Hindernis zu überwinden?

Nachdem Sie das Hindernis identifiziert haben, ist es wichtig, nicht aus den Augen zu verlieren und nicht daran zu denken, dass es unüberwindbar ist. Stattdessen sollten Sie sich darauf konzentrieren, was Sie tun können, um es zu überwinden.

2. Bestimmen Sie eine Strategie

Nachdem Sie Hindernisse identifiziert haben, ist es wichtig, eine Strategie festzulegen, die es ermöglicht, sie zu überwinden. Dazu sollten Sie die Hindernisse analysieren und Möglichkeiten finden, wie Sie sie überwinden können. Bei einigen Hindernissen kann es erforderlich sein, die Herangehensweise oder die Denkweise zu ändern, während bei anderen konkrete Maßnahmen erforderlich sein können.

Wenn zum Beispiel ein Hindernis der Mangel an Wissen oder Fähigkeiten ist, die zur Zielerreichung erforderlich sind, kann die Strategie darin bestehen, Schulungsmaßnahmen zu ergreifen oder Informationen zu diesem Thema zu suchen. Wenn hingegen ein Hindernis der Mangel an Zeit ist, ist es sinnvoll, den Zeitplan neu zu organisieren, um Zeit für Maßnahmen im Zusammenhang mit der Zielerreichung zu finden.

Beim Festlegen einer Strategie können je nach Kontext und Art des Hindernisses viele Fragen hilfreich sein. Im Folgenden finden Sie einige Beispielfragen, die bei der Bestimmung einer geeigneten Strategie helfen können:

• Welcher Ansatz könnte in diesem Fall am effektivsten sein?

• Gibt es ähnliche Situationen, aus denen Schlüsse gezogen und auf die aktuelle Situation angewandt werden können?

• Benötige ich die Hilfe eines Fachmanns, um das Problem zu lösen?

- Welche alternativen Handlungsweisen gibt es?

- Welche Kosten und Vorteile haben die vorgeschlagenen Strategien?

- Welche sind die wichtigsten Ziele, und wie beeinflusst die Strategie deren Erreichung?

- Was sind die langfristigen Konsequenzen der gewählten Strategie?

- Welche Erwartungen haben andere Menschen, und wie wirkt sich die Strategie auf ihre Zufriedenheit aus?

- Was sind meine Stärken, und wie kann ich sie nutzen, um das Problem zu lösen?

- Was sind meine Schwächen, und wie kann ich sie minimieren, um das Ziel zu erreichen?

Es ist entscheidend, konkrete Maßnahmen zu definieren und Schritte zur Überwindung von Hindernissen zu planen. Auf diese Weise kann eine effektive Strategie entwickelt werden, um die Chancen auf Zielerreichung zu erhöhen.

3. Arbeite an deinen Fähigkeiten

Eine weitere Möglichkeit, Hindernisse zu überwinden, besteht darin, an den Fähigkeiten zu arbeiten, die notwendig sind, um ein Ziel zu erreichen. Oft entstehen Hindernisse aufgrund eines Mangels an Fähigkeiten oder Wissen, die für die Durchführung einer bestimmten Aufgabe erforderlich sind. In solchen Fällen lohnt es sich, Zeit und Aufwand in das Erlernen neuer

Fähigkeiten oder die Verbesserung bereits vorhandener Fähigkeiten zu investieren.

Dies kann auf verschiedene Arten geschehen, z. B. durch Schulungen, Kurse, das Lesen von Büchern oder Artikeln zu einem bestimmten Thema, die Teilnahme an Workshops, das Üben zu Hause oder am Arbeitsplatz sowie durch die Zusammenarbeit mit einem Mentor oder Trainer.

Hier sind einige Fragen, die Ihnen helfen können, an Ihren Fähigkeiten zu arbeiten:

• Welche Fähigkeiten sind erforderlich, um dieses Hindernis zu überwinden?

• In welchen Bereichen sollte ich meine Fähigkeiten verbessern?

• Welche Lernmethoden sind für mich am besten geeignet?

• Welche Stärken habe ich, und inwieweit kann ich sie nutzen, um das Hindernis zu überwinden?

• Welche Schwächen habe ich, und wie kann ich an ihnen arbeiten?

• Welche Aufgaben oder Aktivitäten kann ich durchführen, um meine Fähigkeiten in einem bestimmten Bereich zu entwickeln?

• Gibt es Kurse, Schulungen oder Trainingsprogramme, die mir bei der Verbesserung meiner Fähigkeiten helfen können?

• Welche Vorteile werde ich aus der Entwicklung bestimmter Fähigkeiten ziehen?

• Welche Konsequenzen werde ich tragen, wenn ich nicht an meinen Fähigkeiten arbeite, um das Hindernis zu überwinden?

• Welche Schritte kann ich unternehmen, um meine Motivation zur Arbeit an meinen Fähigkeiten zu steigern?

Es ist wichtig zu beachten, dass die Entwicklung von Fähigkeiten Zeit, Aufwand und Geduld erfordern kann, aber dies wird in der Zukunft positive Ergebnisse bringen. Je besser wir die erforderlichen Fähigkeiten beherrschen, desto einfacher wird es sein, Hindernisse zu überwinden und Ziele zu erreichen.

4. Arbeite an deinen Überzeugungen

Eine weitere Methode, um Hindernisse bei der Zielerreichung zu überwinden, besteht darin, an deinen Überzeugungen zu arbeiten. Oft beeinflussen unsere Überzeugungen und unsere Denkweise unsere Handlungen und Reaktionen auf Situationen. Wenn wir negative Überzeugungen über unsere Fähigkeiten oder unsere Chancen, ein Ziel zu erreichen, haben, kann dies uns effektiv davon abhalten, weitere Maßnahmen zu ergreifen.

Daher ist es wichtig, an deinen Überzeugungen zu arbeiten und sie in positivere und konstruktivere umzuwandeln. Dies kann durch Selbstreflexion, Gespräche mit Vertrauenspersonen oder die Inanspruchnahme psychologischer Unterstützung erreicht werden.

Es ist auch wichtig, Schwarz-Weiß-Denken zu vermeiden, das heißt, die Vorstellung, dass etwas "alles oder nichts" sein muss. Es ist besser, Situationen und Ziele realistisch und flexibel zu betrachten und für verschiedene Möglichkeiten offen zu sein.

Ein Beispiel könnte ein Ziel im Zusammenhang mit dem Erlernen einer Fremdsprache sein. Wenn wir die Überzeugung haben, dass wir die Sprache nicht erlernen können, kann dies uns effektiv von Maßnahmen abhalten. In einer solchen Situation ist es wichtig, diese Überzeugung in eine positivere umzuwandeln, wie z.B. "Ich kann eine Fremdsprache lernen, wenn ich genügend Zeit und Aufwand investiere."

Wenn es um die Arbeit an Überzeugungen geht, ist es hilfreich, sich Fragen wie:

• Welche Überzeugungen habe ich über mich selbst und meine Fähigkeiten?

• Basieren meine Überzeugungen auf Tatsachen oder Emotionen?

• Sind meine Überzeugungen positiv oder negativ?

• Welche Vorteile ergeben sich aus positiven Überzeugungen über mich selbst und meine Fähigkeiten?

• Welche Konsequenzen haben negative Überzeugungen?

• Welche Überzeugungen möchte ich ändern und warum?

• Wie kann ich meine Überzeugungen in positive umwandeln?

• Welche Schritte kann ich unternehmen, um damit zu beginnen, meine Überzeugungen zu ändern?

• Welche Situationen können mir helfen, meine positiven Überzeugungen zu stärken?

• Welche Ressourcen kann ich nutzen, um mir bei der Arbeit an meinen Überzeugungen zu helfen?

Die Arbeit an Überzeugungen kann dazu beitragen, Hindernisse auf dem Weg zur Zielerreichung zu überwinden und die Motivation aufrechtzuerhalten.

5. Erlaube dir Fehler

Auf dem Weg zur Zielerreichung sind Fehler und Misserfolge unvermeidlich. Es ist wichtig, sich selbst zu erlauben, diese als wertvolle Erfahrungen zu betrachten. Die Arbeit an der Zielerreichung erfordert Zeit, Anstrengung und Geduld, daher ist es wichtig, sich nach dem ersten Misserfolg nicht entmutigen zu lassen. Es lohnt sich, Fehler als Gelegenheit zur Verbesserung zu betrachten, um sie in Zukunft zu vermeiden. Einige Fehler können auf fehlendem Wissen oder Fähigkeiten beruhen, in diesem Fall ist es sinnvoll, Zeit und Anstrengung in die Beschaffung der erforderlichen Informationen oder Schulungen zu investieren.

Hier sind einige Fragen, die dir helfen können, dir Fehler zu erlauben:

• Betrachte ich Fehler als unvermeidlich im Lernprozess?

• Welche Fehler habe ich in der Vergangenheit gemacht und was habe ich aus diesen Erfahrungen gelernt?

• Bin ich zu selbstkritisch, wenn ich Fehler mache?

• Welche Schritte kann ich unternehmen, um diese Fehler in Zukunft zu vermeiden?

• Welche Vorteile ergeben sich aus dem Zulassen von Fehlern und wie kann ich sie zur persönlichen Entwicklung nutzen?

Sich Fehler zu erlauben, kann auch dazu beitragen, Selbstvertrauen aufzubauen und die Motivation zu steigern. Wenn wir aus Fehlern lernen, werden wir uns unserer Fortschritte und unserer Fähigkeit, Ziele zu erreichen, stärker bewusst. Es ist also immer ratsam, unsere Handlungen in einem positiven Licht zu sehen und jeden Misserfolg als Schritt vorwärts auf dem Weg zum Erfolg zu betrachten.

6. Bewahre eine positive Einstellung

Das Beibehalten einer positiven Einstellung ist entscheidend, um Hindernisse zu überwinden und Ziele zu erreichen. Wenn wir mit Schwierigkeiten konfrontiert sind, ist es leicht, in negatives Denken zu verfallen, was uns von weiteren Handlungen abhalten kann. Daher ist es wichtig, sich auf die positiven Aspekte zu konzentrieren und Optimismus zu bewahren.

Es ist wichtig, Hindernisse immer als Herausforderungen und nicht als Misserfolge zu betrachten. Auf diese Weise können wir uns auf die Suche nach Lösungen anstatt auf das Problem konzentrieren. Denke daran, dass jedes Hindernis eine Gelegenheit zum Lernen und zur persönlichen Entwicklung bietet.

Um eine positive Einstellung zu bewahren, ist es hilfreich, sich auf frühere Erfolge und Leistungen zu konzentrieren. Das Erinnern daran, dass wir in der Vergangenheit bereits Schwierigkeiten überwunden haben, kann uns dabei helfen, eine positive Einstellung gegenüber neuen Herausforderungen zu bewahren.

Es ist auch wichtig, sich von Menschen umgeben, die uns unterstützen und motivieren. Ratschläge oder Unterstützung von nahestehenden Personen können uns dabei helfen, Perspektiven zu gewinnen und eine positive Einstellung zu bewahren.

Hier sind einige Beispiele von Fragen, die dir dabei helfen können, eine positive Einstellung zu bewahren:

• Welche Vorteile ergeben sich aus dem Bewahren einer positiven Einstellung?

• Welche positiven Gedanken kann ich mir wiederholen, um Optimismus zu bewahren?

• Welche Entspannungstechniken kann ich anwenden, um Stress und negative Emotionen zu reduzieren?

• Wie kann ich mich auf meine Erfolge und Leistungen anstatt auf Rückschläge konzentrieren?

• Wie kann ich die positiven Aspekte jeder Situation identifizieren, auch wenn sie schwierig ist?

• Welche Beispiele kann ich mir in Erinnerung rufen, in denen ich zuvor Schwierigkeiten überwunden und Erfolge erzielt habe?

• Wie kann ich mich von positiven Menschen umgeben, die mich unterstützen und motivieren?

• Wie kann ich negative Gedanken in positive und konstruktive umwandeln?

• Welche Schritte kann ich unternehmen, um eine Balance zwischen Arbeit und Erholung zu bewahren, um eine positive Einstellung zu bewahren?

Letztendlich ist es wichtig zu bedenken, dass jeder Einfluss auf seine Gedanken und Emotionen hat. Du kannst lernen, deine Gedanken zu kontrollieren und sie in eine positive Richtung zu lenken. Dies ist eine Fähigkeit, die es wert ist, entwickelt zu werden, um in jeder Situation eine positive Einstellung zu bewahren.

7. Suche Unterstützung

Wenn du Hindernisse auf dem Weg zur Erreichung deiner Ziele siehst, ist es sinnvoll, nach Unterstützung zu suchen. Du kannst mit deiner Familie, Freunden, Mentoren oder einem Coach sprechen. Jemand außerhalb deiner Umgebung kann die Situation aus einer anderen Perspektive betrachten und dir bei der Problemlösung helfen.

Wenn du auf Hindernisse in der Arbeit stößt, kannst du mit deinem Vorgesetzten oder einem Kollegen sprechen. Oftmals haben andere Menschen an deinem Arbeitsplatz Wissen oder Fähigkeiten, die dir bei der Lösung des Problems helfen können.

Wenn dein Hindernis mit deiner Gesundheit zu tun hat oder mit körperlicher Aktivität zusammenhängt, kannst du Unterstützung in einem Sportverein oder bei einem Personal

Trainer suchen. Sie können dir helfen, Möglichkeiten zu finden, um Hindernisse zu überwinden und dein Ziel zu erreichen.

Bei der Suche nach Unterstützung solltest du dich selbst fragen:

- Wer kann mir bei der Überwindung von Hindernissen helfen?

- Welche Organisationen oder Supportgruppen gibt es in meiner Stadt?

- Habe ich Freunde oder Familie, die mir helfen können?

- Ist es sinnvoll, die Hilfe eines professionellen Beraters oder Therapeuten in Anspruch zu nehmen?

- Ist es sinnvoll, mit einem Coach oder Mentor zu arbeiten?

- Welche Tools oder Apps können mir bei der Zielerreichung helfen?

- Ist es sinnvoll, ein Buch oder einen Artikel über die Bewältigung von Hindernissen zu lesen?

- Kann ich Inspiration oder Motivation von Menschen finden, die ähnliche Ziele erreicht haben?

- Gibt es andere Möglichkeiten, Unterstützung in meiner Situation zu finden?

Denke daran, dass die Suche nach Unterstützung keine Schwäche zeigt, sondern Mut und Klugheit. Du musst nicht alles alleine bewältigen, und gegenseitige Unterstützung kann sehr vorteilhaft für deine Motivation und Zielerreichung sein.

8. Schreite schrittweise voran

Oftmals sind die Hindernisse auf dem Weg zur Zielerreichung so groß oder komplex, dass sie schwer auf einen Schlag zu überwinden sind. Daher ist es wichtig, schrittweise vorzugehen und große Hindernisse in kleinere, leichter zu bewältigende Schritte zu unterteilen.

Zuerst sollte das Endziel festgelegt werden. Dann sollte der Weg dorthin analysiert und in kleinere Etappen unterteilt werden. Es ist wichtig, dass jeder Schritt realistisch und messbar ist, damit der Fortschritt kontinuierlich bewertet werden kann. Durch dieses schrittweise Vorgehen ist es einfacher, motiviert zu bleiben und echten Fortschritt zu erkennen, was wiederum Energie und Motivation für weitere Maßnahmen schafft.

Ein Beispiel dafür könnte der Wunsch sein, einen Marathon zu laufen. Eine Person, die noch nie zuvor gelaufen ist, sollte nicht sofort versuchen, die volle Marathondistanz zu bewältigen. Stattdessen sollte sie sich kleinere Ziele setzen, wie das Laufen von einigen Kilometern ohne Unterbrechung, und dann den Abstand schrittweise erhöhen, bis das volle Marathondistanz erreicht ist. Durch schrittweises Handeln kann diese Person ihr Ziel erreichen, ohne sich von einem überwältigenden Hindernis entmutigen zu lassen.

Denken Sie daran, dass die Schlüssel zum Erfolg die Planung und das schrittweise Handeln sind. Daher ist es sinnvoll, sich selbst folgende Fragen zu stellen und entsprechend zu handeln:

• Welche Schritte muss ich unternehmen, um mein Ziel zu erreichen?

• Welche Ressourcen benötige ich, um jeden Schritt auszuführen?

• Welche Personen oder Institutionen können mir bei der Umsetzung meines Plans helfen?

• Welche Werkzeuge oder Technologien kann ich nutzen, um die Arbeit zu erleichtern?

• Welche Hindernisse könnten auftreten, und welche Strategien kann ich anwenden, um sie zu überwinden?

• Wie oft muss ich meinen Fortschritt überwachen, und welche Indikatoren sollte ich verwenden, um festzustellen, ob ich meine Ziele erreiche?

• Was kann ich tun, um meine Motivation aufrechtzuerhalten und dem Aktionsplan treu zu bleiben, auch wenn Schwierigkeiten auftreten?

Schrittweises Handeln ist auch hilfreich, wenn unerwartete Hindernisse oder Probleme auftreten. Anstatt in Panik zu geraten und das Ziel aufzugeben, kann man sich das Problem genauer ansehen, die Ursachen identifizieren und schrittweise vorgehen, um das Problem zu lösen und die Arbeit am Ziel fortzusetzen.

9. Analysiere die Ursachen des Problems

Eine weitere Möglichkeit, Hindernisse zu überwinden, besteht darin, das Problem sorgfältig zu analysieren. Bevor wir Maßnahmen ergreifen, ist es sinnvoll zu überlegen, wie es zu der aktuellen Situation gekommen ist und welche Faktoren dazu geführt haben.

Oftmals resultiert ein Hindernis aus unseren eigenen Handlungen oder Versäumnissen. Zum Beispiel kann die mangelnde Erreichung unserer Arbeitsziele auf mangelnde Konzentration oder eine unzureichende Zeitplanung zurückzuführen sein. Das Identifizieren der Ursachen des Problems ermöglicht ein besseres Verständnis der Situation und die Entwicklung effektiverer Lösungsansätze.

Nachdem die Ursachen des Problems ermittelt wurden, ist es ratsam zu überlegen, welche Schritte unternommen werden können, um es zu lösen. Manchmal reicht es aus, kleine Änderungen vorzunehmen, während in anderen Fällen eine komplexere Strategie erforderlich ist. Ohne eine gründliche Analyse der Ursachen des Problems ist es schwer, rationale und effektive Entscheidungen zu treffen.

Je nach Kontext der Situation sind nützliche Fragen, um die Ursachen des Problems zu identifizieren:

- Was ist schiefgelaufen?

- Was war schwierig bei der Zielerreichung?

- Welche Faktoren führten zum Misserfolg?

- War es ein Mangel an Wissen, Fähigkeiten oder Ressourcen?

- Gab es Fehler in der Planung oder Ausführung?

- Haben externe Faktoren wie Gesundheitsprobleme, widrige

Wetterbedingungen oder Teamkonflikte eine Rolle gespielt?

• War mangelnde Motivation oder ein zu ehrgeiziges Ziel ein Faktor?

• Was hätte anders gemacht werden können?

• Welche Lehren können aus dieser Erfahrung gezogen werden?

• Welche Maßnahmen können ergriffen werden, um ähnliche Probleme in der Zukunft zu vermeiden?

Bei der Analyse der Ursachen des Problems ist es auch wichtig, auf unsere Denkmuster zu achten. Oft entstehen Hindernisse aus negativen Überzeugungen und Gedanken, die uns daran hindern, die Situation realistisch zu betrachten. In solchen Fällen kann es notwendig sein, unsere Denkweise zu ändern und die positiven Aspekte der Situation zu erkennen, um effektive Maßnahmen ergreifen zu können.

10. Pflege einen gesunden Lebensstil

In Bezug auf das Überwinden von Hindernissen bei der Erreichung von Zielen ist die Aufrechterhaltung eines gesunden Lebensstils sehr wichtig. Hier sind einige Gründe, warum es wichtig ist, auf Ihre Gesundheit zu achten, wenn Sie Ihre Ziele verfolgen:

1. Besseres Wohlbefinden: Regelmäßige körperliche Aktivität, eine ausgewogene Ernährung und ausreichender Schlaf wirken sich positiv auf unser Wohlbefinden und unsere Stimmung aus. Auf diese Weise können wir besser mit den Schwierigkeiten und

Hindernissen umgehen, die auf dem Weg zu unserem Ziel auftreten.

2. Mehr Ausdauer: Wenn wir einen gesunden Körper und Geist haben, sind wir widerstandsfähiger und weniger anfällig für Krankheiten und Verletzungen. Auf diese Weise können wir weiterhin an der Verwirklichung unseres Ziels arbeiten, auch wenn Schwierigkeiten auftreten.

3. Höhere Konzentration und Effizienz: Ein gesunder Lebensstil hilft uns, hohe Konzentration und Effizienz aufrechtzuerhalten, was es uns ermöglicht, Aufgaben und Hindernisse auf dem Weg zu unserem Ziel besser zu bewältigen.

Hier sind einige Fragen, die Sie sich stellen können, um einen gesunden Lebensstil während der Verfolgung Ihrer Ziele aufrechtzuerhalten:

• Welche körperlichen Übungen kann ich durchführen, um meine Fitness und Gesundheit zu erhalten?

• Welche Lebensmittel sollte ich in meine Ernährung aufnehmen, um meinem Körper die notwendigen Nährstoffe zuzuführen?

• Welche Entspannungstechniken kann ich anwenden, um Stress abzubauen und mein Wohlbefinden zu verbessern?

• Wie lange sollte ich schlafen, um ausreichend Erholung und Regeneration für meinen Körper sicherzustellen?

• Welche Vorteile bringt es für meine Gesundheit, den Konsum von Alkohol, Zigaretten oder anderen schädlichen Substanzen in meinem Leben zu reduzieren?

Denken Sie daran, dass ein gesunder Lebensstil nicht nur dazu beiträgt, Hindernisse auf dem Weg zu Ihren Zielen zu überwinden, sondern auch die Lebensqualität im Allgemeinen verbessert.

11. Ziehe Schlussfolgerungen

Das Ziehen von Schlussfolgerungen ist ein wichtiger Teil des Prozesses, Hindernisse zu überwinden. Jedes Hindernis, das überwunden wurde, bietet Gelegenheit zur Reflexion und zum Lernen für die Zukunft. Indem man Schlussfolgerungen aus vergangenen Erfahrungen zieht, kann man vermeiden, dieselben Fehler in der Zukunft zu wiederholen.

Um effektiv Schlussfolgerungen zu ziehen, ist es hilfreich, sich einige Fragen zu stellen:

• Woher stammt dieses Hindernis?

• Was habe ich getan, um es zu überwinden?

• Was kann ich in der Zukunft anders machen, um ähnliche Hindernisse zu vermeiden?

• Welche Lehren habe ich aus dieser Erfahrung gezogen?

• Welche Fähigkeiten oder Kenntnisse muss ich erwerben, um besser auf zukünftige Hindernisse vorbereitet zu sein?

Indem man diese Fragen beantwortet und aus eigenen Fehlern lernt, kann man die Effektivität bei der Überwindung von Hindernissen und der Erreichung von Zielen steigern

12. Denke an die Erholung

Die Erholung ist ein wichtiger Bestandteil beim Überwinden von Hindernissen auf dem Weg zur Zielerreichung. Zu viel Stress und Anspannung können zu Burnout, körperlichen und geistigen Erkrankungen führen und die Konzentration und Leistungsfähigkeit beeinträchtigen.

Die Erholung sollte eine regelmäßige Praxis sein, die es uns ermöglicht, unsere Kräfte zu regenerieren und unsere Batterien aufzuladen, um effektiv und effizient handeln zu können. Hier sind einige Möglichkeiten, wie wir uns um die Erholung kümmern können:

1. Finden Sie Zeit für Hobbys oder Aktivitäten, die Ihnen Freude bereiten und entspannen, wie Lesen, Zeichnen, Spaziergänge im Park oder Musik hören.

2. Üben Sie Entspannungstechniken wie Meditation, Yoga oder tiefe Atmung, um Stress und Anspannung abzubauen.

3. Achten Sie auf Ihre physischen Bedürfnisse wie Schlaf, gesunde Ernährung und regelmäßige körperliche Aktivität.

4. Begrenzen Sie die Nutzung von elektronischen Geräten wie Fernseher, Tablet oder Smartphone, insbesondere vor dem Schlafengehen.

5. Finden Sie Zeit für ruhige Gespräche mit Familie und Freunden oder Treffen Sie sich mit Menschen, die Ihnen Freude bereiten.

6. Überlegen Sie, wie Sie Ihren Tag oder Ihre Woche organisieren können, um mehr Zeit für Erholung und Entspannung zu haben.

Denken Sie daran, dass Erholung genauso wichtig ist wie Arbeit und sich positiv auf Ihre Leistung und Kreativität auswirken kann. Finden Sie einen Weg, der am besten für Sie funktioniert, und beginnen Sie regelmäßig auf Ihre Erholungsbedürfnisse zu achten.

Um besser zu verstehen, wie man sich erholen kann, können Sie sich folgende Fragen stellen:

• Welche Aktivitäten bereiten mir Freude und entspannen mich?

• Habe ich einen Erholungsplan und Zeit für Entspannung im Laufe des Tages/der Woche?

• Welche Entspannungstechniken kann ich ausprobieren, um Stress und Anspannung zu reduzieren?

• Kenne ich meine Grenzen und kann ich "nein" sagen, wenn ich Erholung benötige?

• Wie gehe ich mit Stress um, der meine Erholung erschwert?

• Bin ich mir meiner emotionalen Verfassung bewusst und kann ich mich erholen, wenn ich mich überfordert fühle?

• Nutze ich Technologie in Maßen und kann mich in meiner Freizeit von der Arbeit abgrenzen?

• Welche Orte oder Aktivitäten helfen mir, mich zu beruhigen und zu erholen?

• Wie oft nehme ich mir Zeit für Erholung und ist das ausreichend?

Das Überwinden von Hindernissen bei der Zielerreichung ist ein wesentlicher Bestandteil des Veränderungs- und persönlichen Entwicklungsprozesses. Die Identifizierung von Hindernissen, die Festlegung von Strategien, die Arbeit an Fähigkeiten und Überzeugungen, das Zulassen von Fehlern, das Aufrechterhalten einer positiven Einstellung, die Suche nach Unterstützung, schrittweises Handeln, die Analyse von Ursachen für Probleme, die Aufrechterhaltung eines gesunden Lebensstils, Erholung und das Ziehen von Schlussfolgerungen sind Schlüsselschritte, die uns helfen können, Hindernisse auf dem Weg zur Zielerreichung zu überwinden.

Denken Sie daran, dass Hindernisse ein natürlicher Bestandteil eines jeden Veränderungs- und Entwicklungsprozesses sind und dass Sie jeden Tag etwas Neues lernen, Ihre inneren Ressourcen freisetzen und Ihre Ziele erreichen können. Es ist wichtig, Hindernisse mit einer positiven Einstellung und dem Glauben an Ihre eigenen Fähigkeiten anzugehen und Unterstützung aus der Welt um Sie herum zu schöpfen, einschließlich der Menschen, die Sie umgeben.

6. Die Bildung von Gewohnheiten

Oft hören wir, dass das Wiederholen von Handlungen über einen bestimmten Zeitraum hinweg zur Bildung von Gewohnheiten führt. Aber ist es wirklich so einfach? Hilft die Bildung von Gewohnheiten tatsächlich dabei, unsere Ziele zu erreichen? In diesem Kapitel werden wir Wege zur Bildung positiver Gewohnheiten besprechen, die bei der Zielerreichung helfen können.

1. Setzen Sie sich ein Ziel

Die Festlegung eines Ziels ist entscheidend für die Bildung positiver Gewohnheiten. Ohne ein klares Ziel fällt es schwer, sich zu konzentrieren und die Motivation für regelmäßige Handlungen aufrechtzuerhalten.

Um ein Ziel zu bestimmen, sollten Sie darüber nachdenken, was Sie erreichen möchten und warum es für Sie wichtig ist. Ihr Ziel sollte spezifisch, messbar und in einer bestimmten Zeit erreichbar sein. Je genauer Sie Ihr Ziel definieren, desto einfacher wird es sein, Maßnahmen zu planen, die zu seiner Erreichung führen.

Zum Beispiel, wenn Ihr Ziel ist, Gewicht zu verlieren, sollten Sie festlegen, wie viele Kilogramm Sie in einem bestimmten Zeitraum verlieren möchten. Wenn Sie eine neue Sprache lernen möchten, sollten Sie bestimmen, auf welchem Kenntnisstand Sie in einer bestimmten Zeit sein möchten.

Die Zielsetzung sollte immer mit Ihren Werten und langfristigen Plänen in Einklang stehen. Wenn Ihr Ziel mit Ihren Werten übereinstimmt, wird es leichter sein, die Motivation aufrechtzuerhalten, und das Erreichen des Ziels wird ein Schritt in Richtung der Verwirklichung Ihrer langfristigen Pläne sein.

Es ist auch wichtig zu bedenken, dass Ziele im Laufe der Umsetzung angepasst werden können. Daher sollten Sie Ihr Ziel von Zeit zu Zeit überprüfen und gegebenenfalls entsprechende Änderungen vornehmen.

2. Wähle eine Gewohnheit aus

Nachdem du deine Ziele festgelegt hast, ist es an der Zeit, über eine Gewohnheit nachzudenken, die du in dein Leben integrieren möchtest. Wähle eine Gewohnheit, die mit deinem Ziel in Verbindung steht und dir helfen wird, es effektiver zu erreichen.

Zum Beispiel, wenn dein Ziel darin besteht, Gewicht zu verlieren, kann eine gute Gewohnheit, die du einführen kannst, regelmäßige körperliche Aktivität sein. Wenn dein Ziel darin besteht, neue Fähigkeiten zu erlernen, kann eine gute Gewohnheit, die du einführen kannst, darin bestehen, täglich Zeit für das Lernen zu reservieren.

Denke daran, dass die Auswahl einer Gewohnheit auf einmal entscheidend ist, da sich auf zu viele Gewohnheiten gleichzeitig zu konzentrieren, überwältigend sein und schwer zu erreichen sein kann.

Sobald du eine Gewohnheit ausgewählt hast, die du einführen möchtest, fange mit kleinen Schritten an. Anstatt zu versuchen, sie sofort in vollem Umfang einzuführen, beginne mit kleinen Schritten, die einfacher umzusetzen sind. Zum Beispiel, anstatt dich für ein tägliches Training zu entscheiden, fange mit zwei oder drei Tagen pro Woche an, und erhöhe dann allmählich die Zeit und die Häufigkeit.

3. Erstelle einen Plan

Die Erstellung eines Plans ist entscheidend für die Bildung positiver Gewohnheiten. Hier sind einige Schritte, die dir bei der Erstellung eines Plans helfen können:

1. Wähle eine spezifische Gewohnheit aus: Wähle eine spezifische Gewohnheit aus, die du einführen möchtest. Stelle sicher, dass es sich um eine Gewohnheit handelt, die sich auf deine Ziele auswirkt.

2. Setze Ziele und Zwischenziele: Lege die Ziele fest, die du erreichen möchtest, indem du diese Gewohnheit einführen. Lege dann die Zwischenziele fest, die du erreichen musst, um das Hauptziel zu erreichen.

3. Bestimme die Umsetzungsschritte: Lege die konkreten Schritte fest, die du unternehmen musst, um diese Gewohnheit einzuführen. Stelle sicher, dass die Schritte realistisch und erreichbar sind.

4. Erstelle einen Zeitplan: Erstelle einen Zeitplan, der dir bei der Einführung dieser Gewohnheit hilft. Bestimme, wie oft du diese Gewohnheit einführen wirst und wann du es tun wirst.

Du kannst zum Beispiel Erinnerungen im Kalender oder in einer App einstellen, um dich an die Einführung dieser Gewohnheit zu erinnern.

5. Überwache deinen Fortschritt: Überwache deinen Fortschritt bei der Einführung dieser Gewohnheit. Notiere, welche Schritte unternommen wurden und welche Ergebnisse erzielt wurden. Du kannst zum Beispiel ein Tagebuch führen, in dem du deinen Fortschritt festhältst.

Die Erstellung eines Plans ist entscheidend für die Bildung positiver Gewohnheiten. Es ist wichtig, dass der Plan realistisch und erreichbar ist, um nicht von Anfang an entmutigt zu werden. Daher ist es sinnvoll, die Ziele in kleinere Zwischenziele aufzuteilen, was die Umsetzung erleichtert und die Motivation für weitere Maßnahmen fördert. Die Überwachung des Fortschritts ermöglicht es, die Wirksamkeit des Plans zu überprüfen und ihn bei Bedarf anzupassen.

4. Dokumentiere deinen Fortschritt

Die Dokumentation deines Fortschritts ist ein wichtiger Bestandteil bei der Bildung positiver Gewohnheiten. Dies ermöglicht es dir, deinen Fortschritt zu verfolgen und aus Fehlern zu lernen. Einige Möglichkeiten, wie du deinen Fortschritt dokumentieren kannst, sind:

1. Trainings-Tagebuch: Notiere deine täglichen Leistungen im Trainingsbereich oder im Fitnessstudio. Auf diese Weise kannst du deinen Fortschritt in einer bestimmten Gewohnheit verfolgen und sehen, wie weit du gekommen bist.

2. Fortschrittsverfolgungs-Apps: Viele mobile Apps können dir dabei helfen, deinen Fortschritt in bestimmten Gewohnheiten zu verfolgen. Solche Apps bieten oft Funktionen zur Erinnerung an bestimmte Handlungen und Belohnungen für das Erreichen von Zielen.

3. Erfolge: Du kannst deine Erfolge in einem Notizbuch oder auf einer Liste festhalten und sie nach jedem erfolgreichen Tag hinzufügen. Das verleiht dir ein Gefühl des Erfolgs und motiviert dich weiter an deiner Gewohnheit zu arbeiten.

4. Fortschritt in grafischer Form verfolgen: Du kannst Diagramme oder Grafiken erstellen, die deinen Fortschritt in einer bestimmten Gewohnheit darstellen. Dies ist eine visuelle Darstellung deines Fortschritts, die sehr motivierend sein kann.

5. Teile deinen Fortschritt mit anderen: Das Teilen deiner Erfolge mit anderen kann sehr motivierend und ermutigend sein. Dies kann durch das Posten in sozialen Medien oder die Teilnahme an Online-Support-Gruppen erfolgen.

Die Dokumentation deines Fortschritts ist ein entscheidender Bestandteil bei der Bildung positiver Gewohnheiten. Dies hilft, deinen Fortschritt zu verfolgen, dich zur Fortsetzung der Arbeit zu motivieren und aus deinen Fehlern zu lernen.

5. Bleibe konsequent

Die Konsequenz bei der Bildung positiver Gewohnheiten ist der Schlüssel zum Erfolg bei der Verfolgung deiner Ziele. Es gibt einige Möglichkeiten, wie du die Konsequenz beim Aufbau neuer Gewohnheiten aufrechterhalten kannst.

1. Erstelle einen Tagesplan: Plane deine Aktivitäten, um sicherzustellen, dass du Zeit für die Ausübung neuer Gewohnheiten hast. Lege konkrete Zeiten fest, zu denen du diese Gewohnheiten praktizieren wirst, und halte dich daran.

2. Erinnere dich an dein Ziel: Erinnere dich regelmäßig daran, warum du deine Gewohnheiten ändern und deine Ziele erreichen möchtest. Schreibe sie an gut sichtbaren Stellen, wie zum Beispiel an einer Pinnwand oder in einem Notizbuch auf deinem Schreibtisch, damit du sie immer im Blick hast.

3. Halte positives Denken aufrecht: Konzentriere dich auf deine Fortschritte und nicht auf Misserfolge. Selbst wenn du gelegentlich Fehler machst oder nicht in der Lage bist, eine neue Gewohnheit auszuüben, gib nicht auf. Denke daran, dass du jeden Tag eine neue Chance hast, deinen Fortschritt zu verbessern.

4. Nutze Technologie: In der heutigen Zeit gibt es viele mobile Apps und Online-Tools, die dir bei der Entwicklung von Gewohnheiten helfen können. Du kannst Apps verwenden, die dich an bestimmte Aufgaben erinnern oder deinen Fortschritt bei der Zielerreichung verfolgen.

5. Finde einen Kooperationspartner: Finde jemanden, der auch daran arbeitet, seine Ziele zu erreichen, und gemeinsam könnt ihr eine Gewohnheit entwickeln, die ihr einführen möchtet. Unterstützt euch gegenseitig und ermutigt euch, eure Entschlüsse beizubehalten.

6. Belohne dich: Setze Belohnungen für dich selbst fest, wenn du deine Ziele erreichst. Das können einfache Dinge sein, wie

zum Beispiel ein Abend mit Freunden oder ein neues Gadget. Das Belohnen kann dazu beitragen, die Motivation und die Konsequenz bei der Verfolgung neuer Gewohnheiten aufrechtzuerhalten.

Die Konsequenz bei der Bildung positiver Gewohnheiten ist entscheidend für den Erfolg bei der Verfolgung von Zielen. Denke daran, dass dies ein Prozess ist, der Zeit und Geduld erfordert, aber mit der Zeit wird er einfacher und natürlicher.

6. Motiviere dich

Die Selbstmotivation ist entscheidend im Prozess der Bildung positiver Gewohnheiten. Hier sind einige Möglichkeiten, wie du dich motivieren kannst, um neue Gewohnheiten beizubehalten:

1. Erinnere dich daran, warum du beschlossen hast, diese Gewohnheit zu entwickeln. Die Erinnerung an das Ziel und die Vorteile, die sie bringt, kann sehr motivierend sein.

2. Belohne dich für Fortschritte. Wenn du eine neue Gewohnheit entwickelst, musst du nicht auf die vollständige Veränderung warten. Belohne dich für jeden Fortschritt auf dem Weg zum Ziel.

3. Suche Unterstützung bei Freunden oder Familie. Oft ist es einfacher, eine Gewohnheit beizubehalten, wenn du jemanden hast, der dich unterstützt und motiviert.

4. Nutze Apps zur Fortschrittsverfolgung. Mit Gewohnheits-Tracking-Apps kannst du deinen Fortschritt überwachen und Benachrichtigungen darüber erhalten, was du jeden Tag tun musst.

5. Verwende Affirmationen. Affirmationen sind positive Aussagen, die helfen, negative Gedanken in positive und motivierende umzuwandeln. Wiederhole Affirmationen, die mit deiner neuen Gewohnheit zusammenhängen, jeden Tag.

6. Finde Inspiration bei anderen Menschen. Sieh dir an, wie andere erfolgreich ihre Ziele erreicht haben und welche Gewohnheiten ihnen dabei geholfen haben. Das kann sehr motivierend sein und dir zusätzliche Motivation für das Beibehalten deiner neuen Gewohnheit geben.

Denke daran, dass Motivation ein Prozess ist, der Arbeit und Engagement erfordert. Es ist nicht immer leicht, ein hohes Maß an Motivation aufrechtzuerhalten, aber es lohnt sich, dies regelmäßig zu tun, um deine Ziele zu erreichen.

7. Überwinde Barrieren

Das Überwinden von Barrieren ist ein weiteres wichtiges Element bei der Bildung positiver Gewohnheiten. Oft kommt es vor, dass wir trotz der Festlegung von Zielen und Aktionsplänen auf verschiedene Hindernisse und Schwierigkeiten stoßen, die es uns schwer machen, den festgelegten Weg fortzusetzen.

Um Barrieren zu überwinden, ist es sinnvoll zu überlegen, woher unsere Schwierigkeiten kommen. Oft kann es an mangelnder Zeit, Motivation, Energie oder Kenntnissen über die geplante Aktivität liegen. In diesem Fall lohnt es sich, nach Möglichkeiten zur Verbesserung unseres Vorgehens zu suchen, um diese Barrieren zu reduzieren.

Du kannst auch Unterstützung in einer Gruppe oder bei Experten suchen. Oft haben andere Menschen Wissen und Erfahrung, die dir bei der Bewältigung von Schwierigkeiten helfen können. Es ist auch wichtig, offen für Veränderungen zu sein und verschiedene Ansätze auszuprobieren. Im Falle eines Scheiterns solltest du nicht aufgeben und nach weiteren Möglichkeiten zur Überwindung der Barriere suchen.

Ein Beispiel könnte sein, dass du regelmäßig Sport treiben möchtest, aber Schwierigkeiten bei der Anpassung des Trainings an deinen Tagesplan hast. Um diese Barriere zu überwinden, könntest du versuchen, freie Zeitblöcke im Laufe des Tages zu finden und sie für das Training zu reservieren. Du könntest auch Unterstützung von einem Personal Trainer oder von Freunden suchen, die bereits trainieren und bereit sind, dir bei der Zeitplanung zu helfen.

Denke daran, dass jede überwundene Barriere Zufriedenheit und zusätzliche Motivation für die Fortsetzung des Fortschritts bringt.

Beachte, dass dies entscheidend ist, um langfristige Ziele zu erreichen. Das Festlegen eines Ziels und das Auswählen einer geeigneten Gewohnheit sind die ersten Schritte auf dem Weg zum Erfolg. Anschließend sollte ein Aktionsplan festgelegt, der Fortschritt verfolgt, die Konsequenz beibehalten, die Selbstmotivation aufrechterhalten und Barrieren überwunden werden. Denke daran, dass jeder das Potenzial zur Veränderung und zur Entwicklung positiver Gewohnheiten in sich trägt. Du solltest auch bedenken, dass der Prozess der Bildung von Gewohnheiten Zeit und Geduld erfordert.

7. Motivation aufrechterhalten

In der heutigen Welt, die voller Ablenkungen und Anforderungen ist, ist die Aufrechterhaltung der Motivation entscheidend, um in verschiedenen Lebensbereichen erfolgreich zu sein. Ohne Motivation ist es leicht, in Untätigkeit und Stagnation zu verfallen, was die Verwirklichung Ihrer Ziele und Träume behindert. In diesem Kapitel werden Sie einige Möglichkeiten kennenlernen, wie Sie die Motivation in Ihrem täglichen Leben aufrechterhalten können.

1. Setzen Sie Ihre Ziele fest

Die Festlegung von Zielen ist ein entscheidender Bestandteil der Motivation. Ohne klare Ziele fällt es schwer, sich vollständig auf Handlungen zu konzentrieren, die zum Erfolg führen. Daher ist es wichtig, um die Motivation aufrechtzuerhalten, immer Ihre Ziele vor Augen zu haben.

Bevor Sie jedoch Ziele festlegen, ist es wichtig, darüber nachzudenken, was für Sie wichtig ist und welche Werte Ihr Leben leiten. Sobald Sie dies festgelegt haben, können Sie mit der Festlegung konkreter Ziele beginnen.

Ziele sollten SMART sein:

• Specific (Spezifisch): Sie müssen genau definiert sein.

• Measurable (Messbar): Sie müssen messbar sein, um festzustellen, ob sie erreicht wurden.

• Achievable (Erreichbar): Sie müssen realistisch und erreichbar sein.

• Relevant: Sie müssen mit Ihren Werten verknüpft sein und auf die Verwirklichung Ihrer Lebensvision abzielen.

• Time-bound (Terminiert): Sie müssen ein konkretes Fälligkeitsdatum haben.

Durch Erfüllung dieser Kriterien werden Ziele verständlicher und leichter umsetzbar.

2. Erstellen Sie einen Aktionsplan

Das Erstellen von Aktionsplänen ist ein entscheidendes Element, um die Motivation aufrechtzuerhalten und Ziele zu erreichen. Ohne einen konkreten Plan bleiben Ziele lediglich Träume, und der Weg zu ihrer Verwirklichung erscheint zu vage und schwierig. Hier sind einige Schritte, die Ihnen bei der Erstellung effektiver Aktionspläne helfen:

1. Notieren Sie Ihre Ziele: Bevor Sie einen Aktionsplan erstellen, stellen Sie sicher, dass Ihre Ziele klar und konkret formuliert sind. Notieren Sie sie auf Papier, um sie immer vor Augen zu haben.

2. Priorisieren Sie Ihre Ziele: Wenn Sie viele Ziele haben, ist es wichtig, zu bestimmen, welche davon am wichtigsten sind. Konzentrieren Sie sich auf diejenigen, die für Sie am bedeutendsten sind und den größten Nutzen bieten.

3. Unterteilen Sie Ihre Ziele in kleinere Schritte: Große Ziele können überwältigend erscheinen, daher ist es ratsam, sie in

kleinere Schritte zu unterteilen. Jeder Schritt sollte so konkret und messbar wie möglich sein.

4. Legen Sie einen Zeitplan für die Aktionen fest: Bestimmen Sie, wann und wie oft Sie Maßnahmen ergreifen werden, um Ihr Ziel zu erreichen. Wählen Sie bestimmte Tage oder Uhrzeiten aus, zu denen Sie an Ihrem Ziel arbeiten werden.

5. Nutzen Sie die Technologie: Verwenden Sie Tools, die Ihnen bei der Zielerreichung helfen. Machen Sie Gebrauch von Apps und Zeitmanagement-Tools oder Tools zur Fortschrittsverfolgung.

6. Passen Sie Ihre Pläne an: Ein Aktionsplan muss nicht starr und unveränderlich sein. Wenn etwas nicht funktioniert, passen Sie Ihre Pläne an die Situation an. Achten Sie jedoch darauf, Ihr Ziel nicht aus den Augen zu verlieren und nicht zu schnell aufzugeben.

Denken Sie daran, dass der Aktionsplan nur ein Werkzeug ist, das Ihnen hilft, Ihre Ziele zu erreichen. Es ist wichtig, entschlossen und konsequent in Ihren Handlungen zu bleiben, um Erfolg zu haben.

3. Suche Inspiration

Manchmal ist es schwierig, dauerhaft motiviert zu bleiben, insbesondere wenn wir auf Hindernisse oder Schwierigkeiten stoßen. In solchen Situationen lohnt es sich, nach Inspiration zu suchen, um sich zur Weiterarbeit und Verfolgung Ihrer Ziele zu ermutigen. Es gibt finden Sie einige Möglichkeiten, wie Sie Inspiration finden können.

1. Bücher lesen: Das Lesen inspirierender Bücher kann dazu beitragen, eine positive Einstellung aufrechtzuerhalten und zur Handlung zu motivieren. Wählen Sie Bücher, die mit Ihrem Ziel oder Ihrem Interessengebiet zusammenhängen. Bücher über das Leben erfolgreicher Menschen können ebenfalls bei der Motivation helfen.

2. Podcasts hören: Podcasts sind eine großartige Inspirationsquelle. Es gibt viele Podcasts, die Themen im Zusammenhang mit persönlicher Entwicklung, Geschäft, Karriere, Gesundheit und Fitness behandeln. Sie können Podcasts während alltäglicher Aktivitäten wie Gartenarbeit, Aufräumen oder beim Training hören.

3. Visualisierung: Die Visualisierung ist eine Methode, die Ihnen helfen kann, die Motivation zur Zielerreichung aufrechtzuerhalten. Visualisieren Sie Ihre Ziele und stellen Sie sich vor, wie Ihr Leben aussieht, wenn Sie sie erreicht haben. Dies hilft Ihnen, Ihr Ziel zu sehen und sich zur Handlung zu motivieren.

4. Gespräche mit anderen: Gespräche mit Menschen, die in Ihrem Interessengebiet Erfolg haben, können sehr inspirierend sein. Stellen Sie Fragen und erfahren Sie, welche Schritte sie unternommen haben, um erfolgreich zu sein.

5. Social Media verfolgen: Moderne soziale Medien sind eine riesige Inspirationsquelle. Verfolgen Sie Menschen, die in Ihrem Interessengebiet erfolgreich sind, und lassen Sie sich von ihnen inspirieren.

6. Handeln: Die Handlung selbst kann eine Inspirationsquelle sein. Oft entstehen beim Handeln neue Ideen und Möglichkeiten, Ziele zu erreichen. Deshalb ist es wichtig, nicht aufzuhören zu handeln und Inspiration in dem zu finden, was Sie tun.

Denken Sie daran, dass Inspiration aus vielen Quellen kommen kann. Es ist wichtig, die Motivation nicht zu verlieren und sie überall dort zu suchen, wo dies möglich ist.

4. Denken Sie an die Vorteile

Das Erinnern an die Vorteile ist entscheidend, um die Motivation aufrechtzuerhalten. Wenn wir anfangen, Veränderungen in unserem Leben vorzunehmen, tauchen oft schwierige Momente auf, in denen wir unsere Entscheidungen in Frage stellen und an unseren Fähigkeiten zweifeln. Daher ist es wichtig, sich auf die Vorteile zu konzentrieren, die das Erreichen unseres Ziels mit sich bringt.

Dies kann beispielsweise eine Verbesserung der Gesundheit, gesteigerte Selbstakzeptanz, beruflicher Erfolg oder der Aufbau besserer Beziehungen zu anderen Menschen sein. Wenn wir uns daran erinnern, was wir erreichen wollen und welche Vorteile sich daraus ergeben, steigern wir unsere Motivation und es fällt uns leichter, schwierige Zeiten zu überstehen.

Es ist auch sinnvoll, Ihre Liste der Vorteile regelmäßig aufzufrischen und neue Punkte hinzuzufügen, um Ihre Motivation aufrechtzuerhalten. Dies hilft Ihnen daran zu erinnern, warum Sie in eine bestimmte Richtung gegangen sind und was Sie erreichen werden, wenn Sie Ihre Ziele erreichen.

5. Pflegen Sie positive Gedanken

Das Pflegen positiver Gedanken ist ein wichtiger Bestandteil der Motivationserhaltung. Wenn wir uns auf negative Gedanken und Schwierigkeiten konzentrieren, ist es leicht, den Mut zu verlieren und die Begeisterung für die Zielerreichung zu verlieren. Daher ist es wichtig, bewusst an positivem Denken zu arbeiten und Affirmationen zu verwenden, positive Sätze über sich selbst und Ihr Leben.

Sie können damit beginnen, einige positive Gedanken aufzuschreiben, die Sie jeden Morgen lesen, um den Tag in guter Stimmung zu beginnen. Sie können auch die Visualisierungstechnik verwenden, um sich die Erreichung Ihrer Ziele und die positiven Auswirkungen, die sie haben werden, vorzustellen.

Denken Sie daran, dass positives Denken ein Prozess ist, der Übung und kontinuierliche Anstrengung erfordert. Dies bedeutet jedoch nicht, dass Sie Schwierigkeiten und Probleme ignorieren müssen. Positives Denken bedeutet, nach Lösungen und positiven Aspekten einer Situation zu suchen, auch wenn sie schwierig oder kompliziert erscheinen.

Die Aufrechterhaltung positiven Denkens kann Ihnen helfen, die Motivation aufrechtzuerhalten und Hindernisse auf dem Weg zur Zielerreichung zu überwinden.

6. Belohne dich selbst

Das Belohnen von sich selbst für Erfolge und Fortschritte ist ein wichtiger Bestandteil der Motivationserhaltung. Daher ist es sinnvoll, sich Ziele zu setzen, für die Sie sich selbst mit etwas Schönem belohnen. Die Belohnung kann etwas Kleines sein, wie ein leckeres Dessert oder ein Film, den Sie schon lange nicht mehr gesehen haben. Sie können sich auch für eine größere Belohnung entscheiden, wie einen Ausflug oder den Kauf eines lang ersehnten Gegenstandes.

Es ist jedoch wichtig, dass die Belohnungen nicht im Widerspruch zu den Zielen stehen, die Sie sich setzen. Zum Beispiel, wenn Sie abnehmen möchten, ist es keine gute Idee, sich für jedes verlorene Kilogramm mit kalorienreicher Nahrung zu belohnen. Es ist besser, etwas zu wählen, das sich positiv auf Ihre Gesundheit auswirkt, wie einen Spa-Besuch oder eine Radtour.

Das Belohnen von sich selbst ist auch eine Möglichkeit, Ihre Bemühungen anzuerkennen und sich geschätzt zu fühlen. Dies erleichtert die Aufrechterhaltung der Motivation und das Streben nach Zielen.

7. Freue dich über kleine Erfolge

Die Freude an kleinen Erfolgen ist ein sehr wichtiger Bestandteil der Motivationserhaltung. Viele Menschen konzentrieren sich ausschließlich auf das endgültige Ziel und vergessen, dass der Weg dorthin aus vielen kleinen Schritten und Erfolgen besteht. Daher ist es wichtig, jeden Schritt auf dem Weg zum Ziel zu schätzen und zu feiern.

Dies kann auf verschiedene Arten getan werden. Sie können zum Beispiel in einem Tagebuch jeden Erfolg notieren, unabhängig davon, wie klein er ist. Sie können sich auch für jeden Erfolg belohnen, indem Sie sich Ihr Lieblingsessen kaufen oder Ihren Lieblingssport ausüben.

Es ist wichtig, kleine Erfolge nicht zu bagatellisieren, da sie das Fundament und die Motivation für weitere Handlungen bilden. Die Freude an jedem kleinen Schritt wird es Ihnen erleichtern, eine positive Einstellung beizubehalten und die Motivation langfristig aufrechtzuerhalten.

8. Hab keine Angst vor Misserfolgen

Dies ist eine wichtige Botschaft für jeden, der seine Ziele erreichen möchte. Oftmals erzielen unsere Pläne und Handlungen nicht die erwarteten Ergebnisse, und in solchen Momenten können Enttäuschung, ein Gefühl des Versagens und ein Verlust an Motivation auftreten. Es ist jedoch wichtig, nicht aufzugeben und den Misserfolg nicht als das Ende des Weges, sondern als Gelegenheit zur Lehre und zum Wachstum zu betrachten.

Die Arbeit an der Erreichung von Zielen ist ein Prozess, der Ausdauer, Entschlossenheit und Geduld erfordert. Denken Sie daran, dass jeder, der Erfolg hatte, auch mit Hindernissen und Misserfolgen umgehen musste. Eine positive Einstellung ist der Schlüssel, um aus jeder Situation, selbst aus der, die anfangs wie ein Misserfolg erschien, positive Erkenntnisse zu ziehen.

Es ist wichtig, Misserfolge als Gelegenheit zur Lehre und zur Verbesserung unseres Handelns zu betrachten. Wir können darüber nachdenken, was schiefgelaufen ist und was wir anders machen können, um bessere Ergebnisse zu erzielen. Auf diese

Weise wird jeder Misserfolg zu einer Chance für die persönliche Entwicklung und zur Verbesserung unserer Fähigkeiten.

Die Furcht vor Misserfolg sollte uns auch dazu ermutigen, Risiken einzugehen und neue Herausforderungen anzunehmen. Denken Sie daran, dass Sie nichts erreichen werden, wenn Sie Angst vor Handlungen und Risiken haben. Es lohnt sich, die Komfortzone zu verlassen und mit einer positiven Einstellung und Offenheit für Lernen und Wachstum an jede Situation heranzugehen.

Zusammenfassend ist die Aufrechterhaltung der Motivation entscheidend für das Erreichen von Zielen und Erfolg im Leben. Denken Sie daran, dass Motivation in unserer eigenen Verantwortung liegt, aber ständiger Pflege und Arbeit bedarf. Das Festlegen von Zielen, das Erstellen von Aktionsplänen, das Suchen nach Inspiration, das Erinnern an die Vorteile, das Aufrechterhalten positiven Denkens, das Belohnen von sich selbst, das Fehlen der Angst vor Misserfolgen und die Freude an kleinen Erfolgen sind nur einige Methoden zur Motivationserhaltung. Es lohnt sich, zu experimentieren und die Methoden zu finden, die am besten für uns funktionieren. Auf diese Weise können wir Ziele erreichen und Träume verwirklichen und uns dabei über jeden Schritt auf dem Weg dorthin freuen.

8. Motivation im Sport

Sport ist ein Bereich, der viel Einsatz, Entschlossenheit und Ausdauer erfordert. Um erfolgreich zu sein, müssen Sportler nicht nur über technische und taktische Fähigkeiten verfügen, sondern auch über starke Motivation. Motivation ist im Sport von entscheidender Bedeutung, da sie die Sportler antreibt, sich ständig zu verbessern und ihre eigenen Schwächen zu überwinden. In diesem Kapitel werden wir besprechen, was Motivation im Sport ist, welche Arten es gibt und wie wichtig es ist, sie in schwierigen Momenten aufrechtzuerhalten.

1. Setze deine Ziele

Wie in jedem Lebensbereich ist die Festlegung von Zielen im Sport von entscheidender Bedeutung. Ohne klare Ziele ist es schwer, das Training durchzuhalten und an der Verbesserung der Leistung zu arbeiten. Setze deine Ziele für kurze und lange Zeiträume, z. B. für den nächsten Monat, das nächste Jahr oder sogar für mehrere Jahre. Auf diese Weise hast du ein klares Ziel, auf das du hinarbeitest.

2. Wähle einen Sport, der dich interessiert

Wenn es um Motivation im Sport geht, ist es sinnvoll, mit der Auswahl einer Disziplin zu beginnen, die dich interessiert. Es kann sich um einen Individualsport wie Laufen oder Radfahren oder um einen Mannschaftssport wie Fußball oder Basketball handeln. Es ist wichtig, eine Wahl zu treffen, die mit deinen Interessen und Fähigkeiten im Einklang steht, da dies die Wahrscheinlichkeit erhöht, dass du motiviert bist, den Sport regelmäßig auszuüben und immer bessere Ergebnisse zu erzielen. Denke daran, dass jede Sportart eine unterschiedliche Herangehensweise und andere Fähigkeiten erfordert. Es ist also sinnvoll zu überlegen, welche am besten zu dir passt.

3. Finde einen Trainer oder Trainingspartner

Die Suche nach einem geeigneten Trainer oder Trainingspartner kann sich erheblich auf deine Motivation im Sport auswirken. Ein Trainer oder Trainingspartner kann dir helfen, Trainingsziele festzulegen, dein Trainingsprogramm an deine Bedürfnisse anzupassen, deine Fortschritte zu überwachen und dich dazu motivieren, weitere Erfolge zu erzielen.

Bei der Auswahl eines Trainers ist es ratsam, jemanden zu suchen, der Erfahrung in deiner Sportart hat und zu deinen Werten und Trainingsstilen passt. Es ist auch wichtig, dass der Trainer dich motivieren und dir bei der Bewältigung von Hindernissen helfen kann. Trainer können im Internet, in Sportvereinen oder durch Empfehlungen von Freunden gefunden werden.

Ein Trainingspartner ist eine Person, mit der du regelmäßig trainieren und euch gegenseitig motivieren könnt. Ein Trainingspartner kann jemand sein, der auf einem ähnlichen Fähigkeitsniveau ist wie du oder jemand, der erfahrener ist und dir hilft, deine Fähigkeiten zu verbessern. Es ist wichtig, jemanden zu wählen, mit dem du gut auskommst und der dich zu regelmäßigem Training motiviert.

Einige Menschen bevorzugen das individuelle Training, während andere es vorziehen, mit einem Trainingspartner oder in einer Gruppe zu trainieren. Die Wahl hängt von deinen Vorlieben und Bedürfnissen ab. Es ist wichtig, eine Trainingsmethode zu finden, die dich motiviert und dir Spaß macht.

4. Pflege positive Gedanken

Die Aufrechterhaltung positiver Gedanken ist ein entscheidendes Element für die Motivation im Sport. Es gibt Tage, an denen das Training zu schwer erscheint und die Wettkampfergebnisse zu wünschen übrig lassen. In solchen Situationen ist es leicht, sich hilflos und entmutigt zu fühlen. Daher ist es wichtig, sich auf die positiven Aspekte des Trainings und der Wettkämpfe zu konzentrieren.

Eine der besten Möglichkeiten, positive Gedanken aufrechtzuerhalten, besteht darin, sich auf den Fortschritt zu konzentrieren. Vergleiche deine Leistungen nicht mit anderen Sportlern, sondern achte auf deine eigenen Erfolge im Vergleich zu deinem früheren Selbst. Sei dankbar für das, was du bereits erreicht hast, und konzentriere dich nicht darauf, was noch vor dir liegt.

Ein weiterer Weg, um positive Gedanken aufrechtzuerhalten, ist die Verwendung von Affirmationen. Affirmationen sind positive Sätze, die du in deinem Kopf oder laut wiederholst, um deinen Glauben an dich selbst und deine Fähigkeiten zu stärken. Beispiele für Affirmationen sind: "Ich bin stark und ausdauernd", "Ich habe ein Talent für diesen Sport", "Ich bin in der Lage, meine Ziele zu erreichen".

Es ist auch ratsam, negative Gedanken und Überzeugungen zu vermeiden, die deine Motivation hemmen können. Anstatt dir zu sagen, dass etwas unmöglich ist, konzentriere dich darauf, Wege zu finden, wie du es erreichen kannst. Anstatt dich auf deine Schwächen zu konzentrieren, fokussiere dich auf deine Stärken und arbeite daran, sie weiter zu entwickeln.

Denke daran, dass positives Denken nicht bedeutet, Probleme und Schwierigkeiten zu ignorieren. Es ist vielmehr eine Methode, um konstruktiv und optimistisch mit ihnen umzugehen. Anstatt dich auf das Problem zu konzentrieren, fokussiere dich auf dessen Lösung und suche nach Wegen zur Verbesserung.

Schließlich ist es wichtig, sich von positiven Menschen umgeben, die dich unterstützen und motivieren. Ein Trainer, ein Trainingspartner oder Familie und Freunde können wertvolle Quellen für Unterstützung und Inspiration in schwierigen Momenten sein. Die gemeinsame Arbeit an der Erreichung von Zielen und die gegenseitige Motivation können zu noch größeren Erfolgen im Sport führen.

5. Denke an die Vorteile

Das Erinnern an die Vorteile des Sports ist einer der Schlüsselfaktoren für die Motivation im Sport. Diese Vorteile können die Verbesserung der körperlichen, emotionalen und geistigen Gesundheit, eine Steigerung des Selbstwertgefühls und des Selbstwertgefühls sowie die Verbesserung sozialer Beziehungen umfassen.

Es ist sinnvoll zu überlegen, welche Vorteile sich für dich aus dem Sport ergeben, und sie aufzuschreiben. Diese können kurz- und langfristige Ziele sein. Es ist wichtig, sich in schwierigen Momenten an sie zu erinnern und sie als Motivation zu nutzen.

Beispiele für Vorteile des Sports sind:

• Verbesserung der körperlichen Gesundheit: Stärkung der Muskeln und Knochen, bessere Fitness und Ausdauer, geringeres Risiko für Herzerkrankungen, Diabetes und andere chronische Erkrankungen.

• Verbesserung der emotionalen und mentalen Gesundheit: Steigerung des Endorphin- und Dopaminspiegels, Verringerung von Stress und Angst, Verbesserung der Stimmung, bessere Schlafqualität.

• Steigerung des Selbstwertgefühls und Selbstwertgefühls: Erreichen von Zielen und Verbesserung sportlicher Fähigkeiten, Sammeln neuer Erfahrungen, persönliche Weiterentwicklung.

• Verbesserung sozialer Beziehungen: Menschen kennenlernen, Freundschaften schließen, Teilnahme an Teams und Mannschaften.

Denke daran, dass jeder individuelle Vorteile aus dem Sport zieht, und diese Vorteile können sich im Laufe der Zeit ändern. Es ist wichtig, sie zu identifizieren und als Ansporn bei der Verfolgung deiner sportlichen Ziele zu nutzen.

6. Bleiben Sie in Bewegung

Die Aufrechterhaltung körperlicher Aktivität ist entscheidend für die Motivation im Sport. Sie ermöglicht nicht nur bessere Leistungen, sondern wirkt sich auch positiv auf die Gesundheit und das Wohlbefinden aus. Es ist wichtig, eine Aktivitätsform zu finden, die Freude und Zufriedenheit bereitet.

Es gibt viele Möglichkeiten, körperliche Aktivität im Rahmen des Sports aufrechtzuerhalten. Sie können mit kurzen Trainingseinheiten beginnen, die Sie schrittweise verlängern können. Es ist auch sinnvoll, verschiedene Aktivitätsformen auszuwählen, wie Laufen, Schwimmen, Radfahren oder Krafttraining. Auf diese Weise vermeiden Sie Monotonie und bleiben motiviert für das Training.

Die Regelmäßigkeit ist ebenfalls ein wichtiger Bestandteil der Aufrechterhaltung körperlicher Aktivität. Regelmäßiges Training hilft, die Form beizubehalten und Fortschritte im Sport zu beschleunigen. Es ist sinnvoll, sich ein Trainingsziel zu setzen, wie die Teilnahme an Wettbewerben, um zusätzliche Motivation für regelmäßiges Training zu erhalten.

Vergessen Sie auch nicht die richtige Ernährung und die Regeneration des Körpers. Ausreichende Erholung und ausreichend Schlaf sind entscheidend, um die Motivation und die Lust auf das Training aufrechtzuerhalten.

Schließlich ist es wichtig, Ihre Erfolge zu schätzen und sich über jeden Fortschritt zu freuen. Selbst kleine Erfolge wie die Steigerung der Laufstrecke oder die Verbesserung der Technik in einer anspruchsvolleren Sportart sind Grund zur Freude und zur Motivation für die weitere Entwicklung.

Zusammenfassend ist die Aufrechterhaltung der Bewegung ein wichtiger Teil der Motivation im Sport. Regelmäßiges Training, Beständigkeit, Vielfalt, Ernährung und Erholung sowie die Anerkennung Ihrer Erfolge sind entscheidende Faktoren, die es Ihnen ermöglichen, die Motivation aufrechtzuerhalten und bessere Ergebnisse zu erzielen.

Es ist wichtig, sich daran zu erinnern, dass Motivation entscheidend für das Erreichen sportlicher Ziele ist. Ohne sie ist es schwer, im Training durchzuhalten, eigene Schwächen zu überwinden und Herausforderungen zu meistern. Daher ist es wichtig, ständig an Ihrer Motivation zu arbeiten, nach Inspiration zu suchen, sich von unterstützenden Menschen umgeben und die Vorteile des Sports nicht zu vergessen. Auf diese Weise werden Sie sicherlich Ihre Ziele erreichen und sich über die Erfolge freuen, die Sie auf dem Weg zu ihrer Verwirklichung erzielen.

9. Motivation in der Bildung

In der heutigen Zeit spielt Bildung eine unglaublich wichtige Rolle in unserem Leben. Eine gute Ausbildung kann viele Möglichkeiten eröffnen und das Erreichen unserer Ziele erleichtern. Das Lernen ist jedoch nicht immer einfach und angenehm. Es erfordert oft viel Aufwand, Zeit und Geduld, was zu einem Verlust der Motivation führen kann und zu weniger Erfolg führt. In diesem Kapitel werden wir besprechen, wie man die Motivation in der Bildung aufrechterhalten und Erfolg im Lernen erreichen kann.

1. Setze Ziele

Ein wichtiger Schritt zur Motivation von Schülern ist die Festlegung von Bildungszielen. Lehrer und Eltern sollten den Schülern helfen, Ziele festzulegen, die spezifischer und einfacher zu erreichen sind. Die Festlegung von kurzfristigen Zielen kann den Schülern helfen, Fortschritte zu sehen und sie motivieren, ihre Arbeit fortzusetzen.

2. Verwende verschiedene Unterrichtsmethoden

Die Verwendung verschiedener Unterrichtsmethoden ist ein Schlüsselelement der Motivation in der Bildung. Schüler haben unterschiedliche Lernstile und unterschiedliche Interessen an verschiedenen Themen. Daher ist es wichtig, dass Lehrer verschiedene Unterrichtsmethoden verwenden, um Schüler anzulocken und zu begeistern.

Eine beliebte Unterrichtsmethode ist der projektbasierte Lernansatz. Diese Methode beinhaltet, dass die Schüler ein Projekt entwerfen, das Engagement und Arbeit über einen festgelegten Zeitraum erfordert. In Gruppenarbeit entwickeln die Schüler ihr kreatives Denken, ihre Kommunikationsfähigkeiten und Problemlösungsfähigkeiten. Diese Unterrichtsmethode bezieht die Schüler in den Lernprozess ein, was dazu beiträgt, ihre Motivation zu stärken.

Eine andere Unterrichtsmethode ist die Verwendung von Technologie in der Bildung. Technologie macht das Lernen für die Schüler interaktiver und interessanter. Lehrer können verschiedene Tools wie Multimedia-Präsentationen, Lernspiele, Videos und mehr verwenden, um die Aufmerksamkeit der Schüler zu erregen und ihnen zu helfen, das Material auf einfachere und interessantere Weise zu verstehen.

Eine weitere beliebte Unterrichtsmethode ist die Diskussionsmethode. Diese Methode beinhaltet, dass die Schüler in einer Gruppe verschiedene Themen im Zusammenhang mit dem Lernen diskutieren. Die Schüler werden ermutigt, ihre Meinungen auszudrücken, Fragen zu stellen und Ideen auszutauschen. Diese Methode trägt dazu bei, die Kommunikations-, Zuhör- und Analysefähigkeiten zu stärken.

Schließlich ist eine der wichtigsten Unterrichtsmethoden, das Material dem Niveau und den Interessen der Schüler anzupassen. Lehrer müssen individuell auf jeden Schüler eingehen und verschiedene Unterrichtstechniken verwenden, die am besten zu ihrem Kenntnisstand und ihren Interessen passen. Auf diese Weise fühlen sich die Schüler motivierter zu lernen und erzielen bessere Ergebnisse.

Zusammenfassend lässt sich sagen, dass die Verwendung verschiedener Unterrichtsmethoden entscheidend ist, um die Motivation der Schüler in der Bildung zu stärken. Lehrer sollten verschiedene Unterrichtstechniken verwenden, um die Schüler anzulocken und zu engagieren, und das Material an ihr Kenntnisniveau und ihre Interessen anpassen.

3. Öffnen Sie sich für positive Kritik und schätzen Sie Ihren Fortschritt

Oft konzentrieren sich Schüler zu sehr auf ihre Fehler und Misserfolge, was zu einem Verlust der Motivation und des Glaubens an ihre Fähigkeiten führt. Daher ist es wichtig, immer versuchen, Ihre Fortschritte und Erfolge zu erkennen, sowie positives Feedback als Anleitung für weitere Arbeit anzunehmen.

Wenn wir positive Kommentare und Feedback zu unseren Leistungen erhalten, fühlen wir uns geschätzt und motiviert, weiterzuarbeiten. Daher sollten wir die Fähigkeit entwickeln, unsere Fortschritte und Erfolge zu schätzen, und nach konstruktiver Kritik von Lehrern, Mentoren oder anderen Personen suchen, die uns bei unserer Ausbildung helfen können.

Es ist jedoch auch wichtig, konstruktive Kritik geschickt anzunehmen. Achten Sie auf das, was Ihr Lehrer oder Mentor Ihnen gesagt hat, und konzentrieren Sie sich dann darauf, was Sie verbessern können. Auf diese Weise werden wir uns entwickeln und unsere Fähigkeiten ständig verbessern, anstatt uns zu entmutigen und die Motivation zu verlieren.

Denken Sie auch daran, dass wir nicht immer sofort Erfolg haben, sondern dass auch kleine Schritte und Fortschritte von Wert sind. Daher sollten wir jeden unserer Erfolge schätzen, auch wenn es nur ein kleiner Schritt nach vorne ist. Dies hilft uns, die Motivation aufrechtzuerhalten und weiterhin hart daran zu arbeiten, unsere Bildungsziele zu erreichen.

4. Fördern Sie die Zusammenarbeit

Bildung ist ein beidseitiger Prozess, und die Zusammenarbeit mit anderen, einschließlich Lehrern, Klassenkameraden und Freunden, ist notwendig. Aus der Perspektive eines erwachsenen Lernenden kann die Förderung der Zusammenarbeit bedeuten, Mentoren oder Experten in dem Bereich zu suchen, den Sie lernen möchten. Sie können auch nach Gruppen von Menschen mit ähnlichen Interessen und Bildungszielen suchen, mit denen Sie Wissen und Erfahrungen teilen und sich gegenseitig motivieren können, bessere Ergebnisse zu erzielen.

Die Zusammenarbeit mit anderen kann auch die Teilnahme an Gruppenprojekten oder Workshops umfassen, bei denen Ideen ausgetauscht und von anderen gelernt werden können. Auf diese Weise können Sie neue Fähigkeiten erlernen, neue Kontakte knüpfen und positive Beziehungen zu Menschen aufbauen, die Ihre Interessen teilen.

Es ist auch wichtig, offen für Feedback und konstruktive Kritik von anderen zu sein, um ständig Ihre Fähigkeiten zu verbessern und sich als Person weiterzuentwickeln. Daher ist es wichtig, dass wir die Meinungen anderer akzeptieren, aber gleichzeitig unser Selbstbewusstsein nicht verlieren und unsere Leistungen nicht mit anderen vergleichen, sondern uns auf unsere individuelle Entwicklung konzentrieren.

5. Pflegen Sie eine positive Atmosphäre

Wenn wir etwas Neues lernen, ist es wichtig, sich in einer positiven Atmosphäre zu befinden. Wir alle sind in besserer Stimmung, wenn wir gute Beziehungen zu anderen Menschen haben und von positiven Emotionen umgeben sind. Daher ist es wichtig, eine positive Atmosphäre aufrechtzuerhalten, wenn wir unsere Motivation zum Lernen aufrechterhalten möchten.

Dies kann erreicht werden, indem Sie sich mit anderen Lernenden unterhalten und Ihre Erfolge teilen. Sich gegenseitig zu unterstützen und sich in schwierigen Momenten gegenseitig anzufeuern, trägt ebenfalls dazu bei, die Motivation aufrechtzuerhalten.

Darüber hinaus ist es sinnvoll, einen Ort zu finden, an dem Sie sich wohl und entspannt fühlen, wie eine Bibliothek oder ein Café, wo Sie sich auf das Lernen konzentrieren können. Es ist auch ratsam, sich um angemessene Lernbedingungen zu kümmern, wie gutes Licht und einen bequemen Stuhl.

Vergessen Sie auch nicht auf sich selbst und Ihre Bedürfnisse. Pausen und Freizeit sind genauso wichtig wie das Lernen. Nehmen Sie sich eine Pause vom Lernen, machen Sie Übungen, lesen Sie ein Buch oder treffen Sie sich mit Freunden. Auf diese Weise werden Sie nach Ihrer Rückkehr zum Lernen motivierter und konzentrierter sein.

6. Bieten Sie positive Vorbilder

Die Bereitstellung positiver Vorbilder ist ein wichtiger Bestandteil der Motivation in der Bildung, sowohl für Schüler als auch für erwachsene Lernende. Dies kann geschehen, indem Sie Erfolgsgeschichten anderer Menschen teilen, die ihre Ziele durch Ausdauer und harte Arbeit erreicht haben. Solche Geschichten inspirieren und motivieren zum Handeln, indem sie zeigen, dass selbst die schwierigsten Ziele erreichbar sind, wenn man mit Entschlossenheit darauf hinarbeitet.

Positive Vorbilder können auch durch das eigene Verhalten und die Einstellung zum Lernen vermittelt werden. Wenn ein erwachsener Lernender eine positive Haltung und Herangehensweise zu den Schwierigkeiten zeigt, kann er andere Lernende in der Gruppe inspirieren. Indem er zeigt, dass Herausforderungen ein natürlicher Teil des Lernens sind und dass man sie überwinden kann, kann diese Person positive Energie und Motivation an andere weitergeben.

Schließlich können positive Vorbilder auch durch eigene Leistungen vermittelt werden. Wenn ein erwachsener Lernender seine Ziele und Erfolge erreicht, kann er andere inspirieren und zeigen, dass harte Arbeit und Ausdauer positive Ergebnisse bringen. Dies kann andere Lernende ermutigen, ihre eigenen Ziele zu verfolgen und sie dazu inspirieren, ihre eigenen Erfolge zu erzielen.

7. Nutze deine Interessen

Im Bildungsbereich ist die Nutzung eigener Interessen eine Möglichkeit, die Motivation aufrechtzuerhalten und die

Effektivität des Lernens zu steigern. Wenn wir uns für ein bestimmtes Thema oder eine bestimmte Fragestellung interessieren, sind wir eher bereit, Wissen darüber zu erwerben und uns in den Lernprozess zu vertiefen.

Wenn wir uns mit etwas beschäftigen, das uns interessiert, sind wir automatisch engagierter und bereit, zusätzliche Maßnahmen zu ergreifen, wie zusätzliche Recherchen, das Lesen zusätzlicher Materialien und das Suchen nach weiteren Informationsquellen. Darüber hinaus kann die Nutzung eigener Interessen im Bildungsprozess dazu beitragen, unsere Kreativität, Problemlösungsfähigkeiten und Entscheidungsfähigkeiten zu steigern.

Daher ist es wichtig, in Bildungsprozessen eigene Interessen zu nutzen und, wenn möglich, Lernrichtungen zu wählen, die unsere Leidenschaft wecken. Auf diese Weise fällt es uns leichter, die Motivation aufrechtzuerhalten und Wissen effektiver zu erwerben.

8. Fordere dich selbst heraus

Die Entwicklung eigener Fähigkeiten erfordert oft, sich selbst herauszufordern. Dies bedeutet, dass wir ehrgeizige Ziele setzen und Anstrengungen unternehmen müssen, um sie zu erreichen. Ohne sich selbst herauszufordern und die eigenen Grenzen zu überschreiten, ist es schwer, Erfolg zu haben und die eigenen Fähigkeiten zu entwickeln.

Die Herausforderung kann je nach Interessen und Zielen in verschiedenen Formen erfolgen. Wir können uns das Ziel setzen, bestimmte Lernergebnisse in Bildung, Sport, Arbeit oder in einem anderen Bereich zu erreichen, in dem wir uns entwickeln möchten. Wir können uns auch der Herausforderung stellen, neue Fähigkeiten zu erlernen oder Ängste und Einschränkungen zu überwinden.

Die Selbstherausforderung kann schwierig sein und erfordert Anstrengung, ist jedoch gleichzeitig sehr motivierend und ermöglicht es uns, immer größere Erfolge zu erzielen. Es ist wichtig zu bedenken, dass wir nicht sofort spektakuläre Ergebnisse erzielen müssen - es ist entscheidend, unsere Fähigkeiten schrittweise zu entwickeln und in schwierigen Momenten nicht aufzugeben.

9. Suche nach Inspiration

Die Suche nach Inspiration ist ein weiteres wichtiges Element der Motivation in der Bildung. Manchmal fehlt uns Inspiration oder Energie zum Lernen. In solchen Momenten lohnt es sich, verschiedene Quellen der Inspiration zu erkunden, die uns motivieren und uns daran erinnern, warum es sich lohnt zu lernen.

Eine Möglichkeit, Inspiration zu finden, besteht darin, mit anderen Menschen zu sprechen. Sie können mit Lehrern oder anderen Mentoren sprechen, die ihre Erfahrungen und Ratschläge teilen können. Sie können auch mit Klassenkameraden oder Mitgliedern anderer Lerngruppen sprechen, um ihre Ideen und Herangehensweisen ans Lernen kennenzulernen.

Eine weitere Möglichkeit, Inspiration zu finden, besteht darin, im Internet oder in Büchern nach Informationen zu suchen.

Sie können nach Informationen zu interessanten Projekten oder Aktivitäten im Zusammenhang mit Ihrem Fach oder Ihrer Disziplin suchen. Auf diese Weise können Sie verschiedene Lernmethoden entdecken und sie für Ihr eigenes Lernen nutzen.

Es lohnt sich auch, Inspiration im Alltag zu suchen. Achten Sie darauf, welche Fähigkeiten oder Kenntnisse in Ihrem Leben nützlich sein können, um Ihre Ziele zu erreichen. Sie können mit kleinen Dingen beginnen, wie dem Erlernen des Kochens oder einer Fremdsprache, und dann schrittweise Ihre Fähigkeiten und Ihr Wissen weiterentwickeln.

Schließlich ist es wichtig zu bedenken, dass Inspiration aus jeder Quelle kommen kann, auch aus solchen, die anfangs nicht mit dem Lernen in Verbindung zu stehen scheinen. Deshalb ist es wichtig, offen für neue Erfahrungen zu sein und verschiedene Lernansätze auszuprobieren.

10. Konzentriere dich auf deine Erfolge

Die Konzentration auf eigene Erfolge ist entscheidend, um die Motivation im Lernprozess aufrechtzuerhalten. Anstatt sich auf Misserfolge zu konzentrieren, ist es ratsam, auf Fortschritte und Erfolge zu schauen. Dies kann erreicht werden, indem man eine Liste der Dinge erstellt, die man erreicht hat oder auf die man besonders stolz ist. Man kann auch den Fortschritt verfolgen, indem man ein Tagebuch führt oder die Erfolge auf andere Weise dokumentiert.

Es ist wichtig, jeden kleinen Erfolg zu schätzen, da sie den Gesamtfortschritt im Lernen ausmachen. Ermutigen Sie sich selbst, weiterzumachen und Ihre Ziele zu verfolgen, und schauen

Sie gleichzeitig auf das, was Sie bereits erreicht haben. Das Erinnern an Ihre Erfolge kann dazu beitragen, eine positive Einstellung aufrechtzuerhalten und die Motivation zum weiteren Lernen zu fördern.

Alle oben genannten Aspekte sind entscheidend für den Erfolg im Lernprozess. Um im Lernen erfolgreich zu sein, ist es wichtig, diese Prinzipien anzuwenden und kontinuierlich an Ihrer Motivation zu arbeiten.

10. Zusammenfassung

Während des Lesens dieses Buches haben wir viele Möglichkeiten kennengelernt, die Motivation aufrechtzuerhalten. Wir haben gelernt, Ziele zu setzen, Aktionspläne zu erstellen, Inspiration zu suchen, die Vorteile nicht zu vergessen, positive Gedanken zu pflegen, uns selbst für Fortschritte zu belohnen, keine Angst vor Rückschlägen zu haben, kleine Erfolge zu feiern und unsere Interessen zu nutzen, um bessere Ergebnisse zu erzielen.

Wir haben auch drei verschiedene Lebensbereiche analysiert, in denen Motivation besonders wichtig ist: Arbeit, Sport und Bildung. In jedem dieser Bereiche wurden konkrete Methoden zur Aufrechterhaltung der Motivation und Grundsätze zur Erzielung besserer Ergebnisse vorgestellt.

Dieses Buch erinnert uns daran, dass Motivation der Schlüssel zum Erfolg und zur Verwirklichung von Träumen ist. Es ist eine Fähigkeit, die es wert ist, entwickelt und gepflegt zu werden, denn Motivation ermöglicht es uns, auf die Verfolgung unserer Ziele hinzuarbeiten, selbst in schwierigen Zeiten. Dank dieses Buches verfügen wir über zahlreiche Werkzeuge und Tipps, die uns dabei helfen, unsere Motivation auf einem hohen Niveau zu halten.